四季の励まし

Ⅳ

池田大作

目次

春

夏

秋

冬

ブックデザイン　地代紀子

一、本書は、聖教新聞に掲載された「四季の励まし」から、二十四編を選び、著者の了解を得て、収録したものです。

一、末尾の年月日は、掲載日を記しました。なお、肩書、名称、時節等については、掲載時のままにしました。

一、写真は、著者が折々に撮影したものです。

――編集部

春

Spring

君《きみ》自身の花《はな》を咲《さ》かせよう

自分自身が、
かけがえのない、
尊貴《そんき》な、美《うつく》しい
生命《せいめい》の花《はな》を持《も》っている。
自分にしか
咲《さ》かせることのできない、
最高《さいこう》に大切《たいせつ》な使命《しめい》の花を、
晴《は》れがましく
咲かせ切《き》っていくことが、
そのまま

「人間革命」の実証《じっしょう》となる。

仏法《ぶっぽう》では
「桜梅桃李《おうばいとうり》」と説《と》いている。
桜《さくら》には桜の美《うつく》しさがある。
梅《うめ》には梅の香《かお》りがある。
桃《もも》には桃の彩《いろど》りがある。
李《すもも》には李の味《あじ》わいがある。
人それぞれに
使命《しめい》があり、個性《こせい》があり、
生《い》き方《かた》がある。

「自分なんか

2022 年 3 月、東京

もう駄目《だめ》だ」と
思《おも》うような瀬戸際《せとぎわ》の時が
諸君《しょくん》にもあるに違《ちが》いない。
実《じつ》は、その時こそが、
自身の新しい可能性《かのうせい》を開《ひら》く
チャンスなのである。
人生の勝利《しょうり》と敗北《はいぼく》、
幸福《こうふく》と不幸《ふこう》、
その分《わ》かれ目《め》が、
ここにある。

挑戦《ちょうせん》すべきは、
人に対《たい》してではない。

自分自身に対してだ。
自分の弱《よわ》さに対してだ。
そして、
自分に勝《か》っていくんだ。
焦《あせ》らずに、自分を磨《みが》き、
君《きみ》自身の使命《しめい》に
生《い》き抜《ぬ》いていくんだ。

希望《きぼう》は、
与《あた》えられるものではない。
絶望《ぜつぼう》の底《そこ》からも、
自《みずか》ら生《う》み出《だ》せるものだ。
不屈《ふくつ》の祈《いの》りで、

創《つく》り出《だ》すものだ。

何《なに》があっても、
カラッと明《あか》るく、
前《まえ》へ、前へ！
前進《ぜんしん》することが
重要《じゅうよう》である。

明るいことが
幸福《こうふく》である。

過去《かこ》がどうであろうが、
人がどう言《い》おうが、
未来《みらい》へ向《む》かって
朗《ほが》らかに生《い》き抜《ぬ》くことだ。

その人が
真実《しんじつ》の勝利者《しょうりしゃ》なのである。

(二〇二一年四月十日)

学《まな》ぶことは人間の「権利《けんり》」

学《まな》ぶことは、
何《なに》ものにも代《か》え難《がた》い
人間の尊厳《そんげん》の証《あか》しである。
学ぶことは、
人間として
最《もっと》も誇《ほこ》り高《たか》い権利《けんり》であり、
特権《とっけん》なのである。
学ぶことによって、
わが生命《せいめい》に秘《ひ》められた
偉大《いだい》な力《ちから》を引《ひ》き出《だ》せる。

2007年4月、東京

学ぶことによって、
正義《せいぎ》のために戦《たたか》い、
人々《ひとびと》を幸福《こうふく》にできる。

人間も、社会《しゃかい》も、文明《ぶんめい》も、
学《まな》ぶことをやめた時、
衰退《すいたい》が始《はじ》まる。

これは
歴史《れきし》の厳《きび》しき実相《じっそう》である。

生《い》き生きと
学び続《つづ》ける道《みち》には、
行き詰《づ》まりはない。
必《かなら》ず、

新《あら》たな価値創造《かちそうぞう》の活路《かつろ》が
開《ひら》かれる。

人を幸福《こうふく》にするための
学問《がくもん》である。
民衆《みんしゅう》に貢献《こうけん》するための
学問である。
父母《ちちはは》に親孝行《おやこうこう》するための
学問である。
未来《みらい》を勝《か》ち開《ひら》きゆくための
学問である。
学《まな》びゆく人は、
断《だん》じて負《ま》けない。

きのうよりはきょう、
きょうよりはあすと、
向上《こうじょう》の坂《さか》を上《のぼ》りゆく、
みずみずしい生命力《せいめいりょく》と
学《まな》びの姿勢《しせい》が
あるかどうかで、
人生の勝利《しょうり》が
決定《けってい》づけられることを
忘《わす》れてはならない。
新《あたら》しい知識《ちしき》の習得《しゅうとく》のみが、
学ぶということの
本当《ほんとう》の意味《いみ》ではない。

最《もっと》も重要《じゅうよう》なことは、
学ぶことによって、
自分自身が
「新《あたら》しい自分」に
なっていくことである。

「向学《こうがく》の心《こころ》」を
失《うしな》わないことだ。
前進《ぜんしん》し続《つづ》けることだ。
そうして進《すす》んだ道《みち》が、
君《きみ》にしかない、
あなたにしかない
「使命《しめい》の道」

「充実《じゅうじつ》の道」
「勝利《しょうり》の道」になっていく。

（二〇二一年三月二十八日）

平和《へいわ》の花《はな》を　今いる場所《ばしょ》から

勇気《ゆうき》に勝《まさ》るものはない。
勇敢《ゆうかん》な
創価の女性の心《こころ》こそ、
「冬《ふゆ》」に打《う》ち勝つ、
「春《はる》」の生命《せいめい》そのものであるといってよい。

長《なが》い人生には、
嵐《あらし》の夜《よる》もある。
しかし、それを越《こ》えれば、

苦《くる》しみの深《ふか》かった分《ぶん》だけ、
大《おお》きな幸福《こうふく》の朝《あした》が
光《ひか》るものだ。
一番《いちばん》、悲《かな》しんだ人が、
一番、神々《こうごう》しく、
慈愛《じあい》の博士となって、
悩《なや》める友《とも》を
誰《だれ》よりも励《はげ》ましていく
ことができる。

ロマンの宇宙《うちゅう》が、
妙法《みょうほう》と共《とも》に生《い》きゆく
女性の胸中《きょうちゅう》に、

晴《は》れ晴《ば》れと広《ひろ》がっている。
断《だん》じて不幸《ふこう》に負《ま》けない
仏《ほとけ》の勇気《ゆうき》も、
縁《えん》する友《とも》どちを
幸福《こうふく》へと導《みちび》く仏の慈悲《じひ》も、
今いる場所《ばしょ》から
平和《へいわ》を創《つく》り広《ひろ》げる
仏の智慧《ちえ》も、
全部《ぜんぶ》、貴女《あなた》の心《こころ》にある。

身近《みぢか》な一人《ひとり》を大切《たいせつ》に
慈《いつく》しむ「誠実《せいじつ》な行動力《こうどうりょく》」。
温《あたた》かな優《やさ》しさで友《とも》に

寄《よ》り添《そ》う「慈愛《じあい》の包容力《ほうようりょく》」。
皆《みな》を笑顔《えがお》にして共《とも》に前《まえ》へ
進《すす》みゆく「快活《かいかつ》な対話力《たいわりょく》」。
創価の女性たちが、
ありのままの振《ふ》る舞《ま》いで
体現《たいげん》している
ヒューマニズムが、
21世紀《せいき》を
「平和《へいわ》と人道《じんどう》の世紀」へと、
いよいよ香《かお》りも高《たか》く
光輝《こうき》あらしめていく。

今いる場所《ばしょ》で、

2008年12月、東京

自分自身を変革《へんかく》しつつ、
身近《みぢか》な人《ひと》を啓発《けいはつ》しながら、
幸《さち》の連帯《れんたい》を
拡大《かくだい》していく行動《こうどう》こそが、
地味《じみ》であっても、
一番《いちばん》、確実《かくじつ》に
世界《せかい》を変《か》えていく
平和《へいわ》への戦《たたか》いなのである。

たゆまぬ題目《だいもく》の音声《おんじょう》を、
いよいよ朗々《ろうろう》と響《ひび》かせて、
勇気《ゆうき》の対話《たいわ》に
打《う》って出《で》ようではないか！

縁《えん》する友《とも》の心《こころ》に、
希望《きぼう》の太陽《たいよう》を
昇《のぼ》らせながら！

（二〇二二年二月二十七日）

「会《あ》う」ことから世界《せかい》は変《か》わる

平和《へいわ》と幸福《こうふく》の大法《だいほう》を
弘《ひろ》めゆく我《われ》らには、
何《なに》も恐《おそ》れるものはない。
「会《あ》う」ことが
「世界《せかい》を変《か》える」ことに
つながる。

直接会《ちょくせつあ》って、
相手《あいて》のことを知《し》っていく。
意見《いけん》に耳《みみ》を傾《かたむ》ける。

真剣《しんけん》に、
誠実《せいじつ》に語《かた》っていく。
それでこそ、
新《あら》たな拡大《かくだい》のうねりを
巻《ま》き起《お》こしていける。

まず、誠実《せいじつ》な対話《たいわ》で
一人《ひとり》の友《とも》をつくることだ。
その一人の先《さき》に、
二人《ふたり》、三人、さらに十人、
ひいては
千万《せんまん》の友の
笑顔《えがお》の花《はな》また華《はな》が

広《ひろ》がっていく。

一切《いっさい》の偏見《へんけん》を排除《はいじょ》し、
相手《あいて》の尊厳《そんげん》なる生命《せいめい》に
接《せっ》していく時、
そこには
必《かなら》ず人間の善性《ぜんせい》が
輝《かがや》きを放《はな》っていく。
相手《あいて》の仏性《ぶっしょう》を
尊敬《そんけい》していくところから、
深《ふか》い信頼《しんらい》が育《はぐく》まれ、
対話《たいわ》の扉《とびら》が必《かなら》ず開《ひら》ける。

1994年5月、イタリア・ピサ

「声《こえ》」である。
「勇気《ゆうき》」である。
「勇気の声」が、
善《ぜん》を拡大《かくだい》するのだ。
勇気を胸《むね》に、
朗《ほが》らかに、
活力《かつりょく》に満《み》ちあふれた声で、
友情《ゆうじょう》の対話《たいわ》を
広《ひろ》げていきたい。
相手《あいて》を思《おも》う深《ふか》き祈《いの》りは、
必《かなら》ず通《つう》じていく。
心《こころ》が心を
動《うご》かしていくのだ。

すべての勝利《しょうり》も栄光《えいこう》も
「一人《ひとり》」から開《ひら》かれる――
これが、広布前進《こうふぜんしん》の
変《か》わらざる鉄則《てっそく》だ。
どこまでも
「一対一《いったいいち》」で、
納得《なっとく》と執念《しゅうねん》の対話《たいわ》に、
敢然《かんぜん》と
飛《と》び込《こ》んでいくのだ。
遠回《とおまわ》りのように見《み》えても、
これこそ
共感《きょうかん》と理解《りかい》を広《ひろ》げゆく

直道《じきどう》であり、
常勝《じょうしょう》の王道《おうどう》なのだ。

（二〇二二年五月一日）

母《はは》の笑顔《えがお》よ　咲《さ》き薫《かお》れ

母《はは》の愛《あい》は、
あまりにも深《ふか》い。
その母を苦《くる》しめ、
悲《かな》しませ、
子《こ》どもの未来《みらい》を
奪《うば》い去《さ》っていく、
戦争《せんそう》をはじめ、
あらゆる暴力《ぼうりょく》に、
私たちは断《だん》じて反対《はんたい》する。
世界《せかい》の平和《へいわ》、

人類《じんるい》の幸福《こうふく》といっても、
母を大切《たいせつ》にし、
心《こころ》から感謝《かんしゃ》するところから
始《はじ》まる。

賢《かしこ》き母《はは》！
いかなる子《こ》どもをも、
泣《な》きながら
慈愛《じあい》で包《つつ》みゆく、
仏《ほとけ》のごとき母の境涯《きょうがい》よ！
この尊極《そんごく》なる母を、
誰《だれ》もが最敬礼《さいけいれい》して、
最大《さいだい》に敬《うやま》い、

2007年4月、東京

報《むく》いていくべきである。

最《もっと》も深《ふか》い悲《かな》しみから
立《た》ち上《あ》がった人は、
最も深い哲学《てつがく》を学《まな》んだ、
最も深い慈悲《じひ》の人だ。
最も大《おお》きな苦《くる》しみを
乗《の》り越《こ》えた人は、
最も大きな境涯《きょうがい》を開《ひら》き、
最も大きな幸福《こうふく》を
広《ひろ》げゆく人だ。
この人間革命の体験《たいけん》を
友《とも》に語《かた》り、分《わ》かち合《あ》う、

母《はは》たちの行動《こうどう》が
幸福と平和《へいわ》と勝利《しょうり》の道《みち》を
創《つく》り開《ひら》くのである。

母《はは》の祈《いの》りは無敵《むてき》だ。
母の慈愛《じあい》は海《うみ》より深《ふか》い。
母の笑顔《えがお》は、
いかなる闇《やみ》も
照《て》らし晴《は》らす太陽《たいよう》だ。

これからも、
創価の母《はは》たちの
「誠実《せいじつ》」と「根性《こんじょう》」と

「賢《かしこ》さ」と「忍耐強《にんたいづよ》さ」が
ある限《かぎ》り、
いよいよ広宣流布《こうせんるふ》の勝利《しょうり》の
大輪《たいりん》が咲《さ》き薫《かお》っていくに
違《ちが》いない。

さあ「今日《きょう》も元気《げんき》で」！
いよいよ朗《ほが》らかに、
いよいよ生《い》き生きと、
いよいよ若々《わかわか》しく、
全世界《ぜんせかい》の
福智《ふくち》の女性と手《て》を携《たずさ》え、
人類《じんるい》の幸福《こうふく》の未来《みらい》のために

「平和《へいわ》の文化《ぶんか》」の大光《たいこう》を、
さらに赫々《かっかく》と放《はな》ちゆこう！

（二〇二一年五月九日）

夏

Summer

君《きみ》の一歩《いっぽ》が世界《せかい》を変《か》える

未来部《みらいぶ》の
君《きみ》たち貴女《あなた》たちが、
苦難《くなん》にも負《ま》けず、
勝利《しょうり》の花《はな》と咲《さ》き開《ひら》く
その姿《すがた》は、
父母《ちちはは》の喜《よろこ》びであり、
私の誇《ほこ》りであり、
世界《せかい》の希望《きぼう》である。

頑張《がんば》ったけれども、

思《おも》うように
いかないことがある。
それでも、
くよくよしないで、
次《つぎ》の戦《たたか》いを目指《めざ》して
挑《いど》んでいく。
その人が真《しん》の勝利者《しょうりしゃ》です。
最後《さいご》に勝《か》つのです。
悲《かな》しいことや
苦《くる》しいことを経《へ》て、
人間は鍛《きた》えられる。
偉大《いだい》になれる。

1998年5月、東京

どんな時にも、
自分を
卑下《ひげ》してはいけない。
世《よ》の中《なか》を
あきらめてはいけない。
今、自分がいる、
その場所《ばしょ》で、
自分らしく朗《ほが》らかに、
忍耐強《にんたいづよ》く、
わが使命《しめい》の道《みち》を、
歩《あゆ》み通《とお》していくことだ。
地道《じみち》な行動《こうどう》の連続《れんぞく》以外《いがい》に、

社会《しゃかい》を変《か》え、
時代《じだい》を変える
偉大《いだい》な力《ちから》はない。
一番地味《いちばんじみ》であることが、
一番成長《せいちょう》できることだ。
木《き》も、
少《すこ》し眺《なが》めただけでは、
伸《の》びているかどうか、
わからない。
しかし、10年、20年と
時を経《へ》れば、
若木《わかぎ》は見事《みごと》な大樹《たいじゅ》となる。
「きょう」を勝《か》つことだ。

私には、21世紀《せいき》の
本命中《ほんめいちゅう》の本命である、
後継《こうけい》の未来部《みらいぶ》がいる。

さあ、
君《きみ》の「勇気《ゆうき》の一歩《いっぽ》」で、
世界《せかい》を変《か》えていこう!

あなたが
「正義《せいぎ》の走者《そうしゃ》」となって、
平和《へいわ》を創《つく》り、
広《ひろ》げていこう!

きょうも、
何《なに》ものにも負《ま》けない

若《わか》き生命《せいめい》のエネルギーを、
満々《まんまん》と発揮《はっき》しながら！

（二〇二一年四月二十五日）

悩《なや》みに負《ま》けない生命力《せいめいりょく》を

人生の目的《もくてき》は何《なに》か。
「勝利者《しょうりしゃ》」になること、
「幸福《こうふく》」になることだ。
では「幸福」とは何か。
その中身《なかみ》は「充実《じゅうじつ》」である。
では「充実」とは何か。
「苦難《くなん》」と戦《たたか》うことだ。
苦難がなければ充実はない。
充実がなければ幸福ではない。
何《なん》の苦労《くろう》もない幸福など、

どこにもない。

信心《しんじん》したからといって、
悩《なや》みの「汚泥《おでい》」が
なくなるわけではない。
「悩みに負《ま》けない生命力《せいめいりょく》」が出《で》る
ということだ。
むしろ、
悩みをいっぱいもっていくことだ。
それらの悩みに
どれだけ挑戦《ちょうせん》できるかを
楽《たの》しみにできるような
境涯《きょうがい》になることである。

大《おお》いなる境涯《きょうがい》の人は幸福《こうふく》である。
広々《ひろびろ》とした心《こころ》で、
毎日《まいにち》を生《い》きぬいていける。
強《つよ》き境涯の人は幸《しあわ》せである。
苦《くる》しみにも負《ま》けることなく、
悠々《ゆうゆう》と一生《いっしょう》を楽《たの》しんでいける。
清《きよ》らかな境涯の人は幸せである。
その人のまわりには、
常《つね》に爽《さわ》やかな喜《よろこ》びが広《ひろ》がっていく。

希望《きぼう》に満《み》ちて、
自己《じこ》の課題《かだい》に

2019年6月、東京

挑戦《ちょうせん》している人は強《つよ》い。
どんな困難《こんなん》に直面《ちょくめん》しても、
希望《きぼう》を失《うしな》わないことだ。
希望の火《ひ》が消《き》えない限《かぎ》り、
やがて、いかなる闇《やみ》をも
燃《も》やし尽《つ》くすことができる。
いのちある限り、希望はあり、
希望ある限り、道《みち》は開《ひら》ける。
その強靱《きょうじん》な
〝希望の一念《いちねん》〟を育《はぐく》む根源《こんげん》の力《ちから》が、
信仰《しんこう》なのである。
信仰こそ〝永遠《えいえん》の希望〟である。

（二〇一九年八月四日）

貴女《あなた》こそ平和《へいわ》を育《はぐく》む「花《はな》の王《おう》」

わが創価の女性たちは、
一日《いちにち》また一日、
生《い》き生きと、
たゆみなく、
信念《しんねん》の対話《たいわ》を
積《つ》み重《かさ》ねておられる。
ここにこそ、
「平和《へいわ》の世紀《せいき》」を
建設《けんせつ》しゆく、
人類《じんるい》の

最先端《さいせんたん》の行動《こうどう》がある。

創価の女性たちは、
いかなる試練《しれん》にも負《ま》けず、
今いるその場所《ばしょ》で、
皆《みな》に勇気《ゆうき》と希望《きぼう》を贈《おく》る
「野《の》の花《はな》」を、
凛《りん》として
咲《さ》かせ切《き》っておられる。
この方々《かたがた》こそ、
永遠《えいえん》に常楽我浄《じょうらくがじょう》の
「花の王《おう》」と
仰《あお》がれゆくことは

2018年6月、東京

絶対《ぜったい》に間違《まちが》いない。

皆《みな》さまが進《すす》めておられる
広宣流布《こうせんるふ》の対話《たいわ》には、
納得《なっとく》があり、共感《きょうかん》がある。
慈悲《じひ》があり、尊敬《そんけい》がある。
誠実《せいじつ》があり、忍耐《にんたい》があり、
勇気《ゆうき》がある。
正義《せいぎ》があり、哲学《てつがく》があり、
信念《しんねん》がある。

そして、
共《とも》に幸福《こうふく》と勝利《しょうり》に
向《む》かっていこうとする

希望《きぼう》があり、向上《こうじょう》がある。
まさに、皆さま方《がた》こそ、
「対話の文明《ぶんめい》」を
生《い》き生きと創出《そうしゅつ》されゆく、
人類先駆《じんるいせんく》の開拓者《かいたくしゃ》なのだ。

「平和《へいわ》」といっても、
遠《とお》くにあるのではない。
どんなに地道《じみち》に見《み》えても、
一人《ひとり》を大切《たいせつ》に、
一人を励《はげ》まし、
一人を強《つよ》く
賢《かしこ》くしていくことである。

そこにのみ、
平和の世界《せかい》が
確実《かくじつ》につくられていく。

平和《へいわ》の花《はな》を
爛漫《らんまん》と咲《さ》かせる大地《だいち》は、
自分《じぶん》の足元《あしもと》にある。
ゆえに日々《ひび》の
現実世界《げんじつせかい》のなかから、
「平和の文化《ぶんか》」は芽生《めば》え、
育《はぐく》まれていくものだ。
その最《もっと》も貴重《きちょう》な
教育者《きょういくしゃ》こそ

女性なのである。

（二〇二二年五月二十九日）

信頼《しんらい》広《ひろ》げる人間王者《おうじゃ》に

家庭《かてい》や地域《ちいき》にあっても、
厳《きび》しい経済闘争《けいざいとうそう》に
あっても、
宿命転換《しゅくめいてんかん》の激戦《げきせん》に
あっても、
一家《いっか》の柱《はしら》、
広布《こうふ》の要《かなめ》として、
辛抱強《しんぼうづよ》く
頑張《がんば》ってくれている
創価の父《ちち》に、

1982 年 6 月、北海道

感謝《かんしゃ》と労《ねぎら》いの笑顔《えがお》を
贈《おく》っていただきたい。

波瀾万丈《はらんばんじょう》の苦労《くろう》をしてこそ
「人間」はできる。
苦労もせず、
思《おも》い通《どお》りにいけば、
よいように思える
かもしれないが、
結局《けっきょく》は、
傲慢《ごうまん》で小《ちい》さな人間に
なってしまうものだ。
やりづらくとも、

耐《た》えて、努力《どりょく》し、
乗《の》り越《こ》えていく。
その積《つ》み重《かさ》ねのなかで
「人格《じんかく》」はできる。

偉《えら》い人の仕事《しごと》は、
「自分のため」の
次元《じげん》ではない。
「人のため」
「社会《しゃかい》のため」である。
後輩《こうはい》のため、そして
後継《こうけい》の友《とも》のために戦《たたか》い、
道《みち》を残《のこ》していく――

ここに偉大《いだい》な
「父《ちち》」の心《こころ》がある。

人生は長《なが》い。
勝《か》つ時《とき》もあれば、
負《ま》ける時もある。
行き詰《づ》まり、
七転八倒《しちてんばっとう》する時も
あるだろう。
だが、人生の勝敗《しょうはい》は
途中《とちゅう》で決《き》まらない。
栄光《えいこう》は、粘《ねば》り抜《ぬ》いた
逆転劇《ぎゃくてんげき》によって

勝《か》ち取《と》るものだ。
だからこそ
心《こころ》は負けてはならない。
あきらめてはならない。

父《ちち》が厳然《げんぜん》としていれば、
どれほど
安心《あんしん》と喜《よろこ》びが広《ひろ》がるか。
一騎当千《いっきとうせん》である。
その「一人《ひとり》」を
大切《たいせつ》にする。
粘《ねば》り強《づよ》く通《かよ》い、
信頼《しんらい》を育《はぐ》み、

励《はげ》まし続《つづ》ける。
熱《あつ》い男《おとこ》の友情《ゆうじょう》と連帯《れんたい》を、
私は最大《さいだい》に讃《たた》えたい。

（二〇二〇年六月二十一日）

常勝《じょうしょう》の金字塔《きんじとう》を頼《たの》む

七月三日とは、
真正《しんせい》の弟子《でし》が決然《けつぜん》として、
また憤然《ふんぜん》として――
一人《ひとり》、立《た》ち上《あ》がる
「師弟《してい》の日《ひ》」だ！
勇気凜々《ゆうきりんりん》と、
生《う》まれ変《か》わって
戦《たたか》いを開始《かいし》する日だ！

「誰《だれ》か」ではない。

「自分」である。
自分が勝《か》つことだ。
自分に勝つことだ。
その姿《すがた》こそが、
皆《みな》に勇気《ゆうき》を
波動《はどう》させていく。

引《ひ》っ込《こ》み思案《じあん》になって、
臆病《おくびょう》な生命《せいめい》に
縮《ちぢ》こまってはつまらない。
同《おな》じ生《い》きるのならば、
勇気《ゆうき》を奮《ふる》い起《お》こすのだ。
愉快《ゆかい》に、はつらつと

打《う》って出《で》るのだ！
大変《たいへん》な時こそ、
良《よ》き友《とも》と
励《はげ》まし合《あ》いながら、
師子奮迅《ししふんじん》の
「信力《しんりき》」「行力《ぎょうりき》」で、
無敵《むてき》の「仏力《ぶつりき》」「法力《ほうりき》」を
湧《わ》き出《いだ》しながら
断固《だんこ》として勝《か》ち進《すす》むのだ！

創価の師弟《してい》は、
一人《ひとり》も残《のこ》らず師子《しし》である。
師子は臆《おく》さない！

師子は負《ま》けない！
師子は油断《ゆだん》しない！
師子は攻《せ》め抜《ぬ》く！
師子は必《かなら》ず勝《か》つ！

関西《かんさい》は、
全世界《ぜんせかい》の同志《どうし》の
憧《あこが》れの天地《てんち》だ。
関西の前進《ぜんしん》を、
全世界が見《み》つめている。
関西の勝利《しょうり》こそ、
学会《がっかい》の勝利、
世界《せかい》の勝利なのだ。

2007年11月、大阪

ゆえに、関西よ、
わが大関西よ、
これからも
常勝《じょうしょう》の金字塔《きんじとう》を、
断固《だんこ》と頼《たの》む！

世界広宣流布《せかいこうせんるふ》の前進《ぜんしん》は、
これからが本番《ほんばん》だ。
胸《むね》を張《は》って、
わが情熱《じょうねつ》を伝《つた》えよう！
声《こえ》を大《だい》にして、
信念《しんねん》を語《かた》ろう！
そして、今こそ、

創価の師弟《してい》の正義《せいぎ》を
満天下《まんてんか》に
示《しめ》しゆこうではないか！

（二〇二二年七月三日）

心《こころ》の結《むす》び付《つ》きが地域《ちいき》を潤《うるお》す

人間が
人間らしくあること、
本当《ほんとう》の意味《いみ》での
充足感《じゅうそくかん》、幸福感《こうふくかん》は、
〝結《むす》び付《つ》き〟を通《とお》してしか
得《え》られない。

一度《いちど》結《むす》んだ友情《ゆうじょう》は
絶対《ぜったい》に裏切《うらぎ》らない。
その人が

1973年5月、フランス・ロワール地方

大変《たいへん》になればなるほど
守《まも》り抜《ぬ》いていく。
これが私の生《い》き方《かた》である。
真《しん》の人間として、
人格《じんかく》と人格で結《むす》ばれていく――
その友情は
人生の宝《たから》である。

友人《ゆうじん》の影響《えいきょう》は、
ある時には、
親《おや》よりもだれよりも強《つよ》い。
いい友達《ともだち》、
向上《こうじょう》しようとしている人と

付《つ》き合《あ》えば、自分も向上する。

「いい友人をつくる」には、

「自分がいい友人になる」

以《い》外《がい》にない。

大切《たいせつ》なことは、
相手《あいて》に同情《どうじょう》する――あわれむ――
ということではなく、
「わかってあげる」
ということである。
「理解《りかい》」することだ。
人間は、
自分のことを

「わかってくれる人がいる」、
それだけで生《い》きる力《ちから》が
湧《わ》いてくるものだ。

自分さえよければという
エゴが渦巻《うずま》けば、
地域《ちいき》も社会《しゃかい》も壊《こわ》れてしまう。
この〝分断《ぶんだん》の魔力《まりょく》〟を
はね返《かえ》して、
人と人の麗《うるわ》しい
励《はげ》まし合《あ》いの世界《せかい》を
蘇生《そせい》させてきたのが、
わが創価の同志《どうし》だ。

大山《たいざん》も
一《ひと》つの塵《ちり》から成《な》る。
大海《たいかい》も
一滴《いってき》の露《つゆ》から始《はじ》まる。
一人《ひとり》から始まる。
一人を大切《たいせつ》にすることが、
社会《しゃかい》を変《か》え、
やがて世界《せかい》を変えていく。
そして世代《せだい》を超《こ》え、
永遠《えいえん》の平和《へいわ》を実現《じつげん》する道《みち》が、
広宣流布《こうせんるふ》である。

（二〇二〇年五月二十四日）

誓《ちか》いの青年《きみ》よ！　世界平和《せかいへいわ》を

我々《われわれ》の目的《もくてき》は何《なに》か。
広宣流布《こうせんるふ》である。
自他共《じたとも》の
絶対的幸福《ぜったいてきこうふく》の実現《じつげん》である。
平和《へいわ》と希望《きぼう》の大哲学《だいてつがく》を
全世界《ぜんせかい》に広《ひろ》めゆくことだ。

新《あたら》しき時代《じだい》の新しき扉《とびら》。
それを開《あ》けるのはつねに、
燃《も》えさかる

青春《せいしゅん》の情熱《じょうねつ》である。
妥協《だきょう》なく、
理想《りそう》に生《い》きる
青年《せいねん》の行動《こうどう》である。

平和《へいわ》を論《ろん》ずるなら
行動《こうどう》しなくてはならない。
困難《こんなん》があっても、
どのように
友好《ゆうこう》と平和をもたらすか。
困難を克服《こくふく》するために
努力《どりょく》することが
人間にとっての

根本条件《こんぽんじょうけん》である。

広宣流布《こうせんるふ》の千里《せんり》の道《みち》も、
一人《ひとり》の
勇気《ゆうき》の声《こえ》から始《はじ》まる。
世界平和《せかいへいわ》への道も、
誠実《せいじつ》な対話《たいわ》が
第一歩《だいいっぽ》である。

快活《かいかつ》に、
わが信念《しんねん》を語《かた》り抜《ぬ》こう！
心《こころ》晴《は》れ晴《ば》れと、
わが真情《しんじょう》を伝《つた》え抜こう！

1991年6月、イギリス・タプロー・コート

〝誓《ちか》いの青年《きみ》〟よ！
私の一番《いちばん》の喜《よろこ》び、
それは、
君《きみ》たちの勝利《しょうり》だ。
私の最高《さいこう》の勝利、
それは、
あなた方《がた》の幸福《こうふく》だ。
今いる場所《ばしょ》で、
立正安国《りっしょうあんこく》を
祈《いの》り戦《たたか》う同志《どうし》よ！
私の最大《さいだい》の願《ねが》い、
それは、一番苦《くる》しんだ
地域《ちいき》の方々《かたがた》が、

尊《とうと》い地涌《じゆ》の生命《せいめい》を輝《かがや》かせ、
幸《さち》光《ひか》る共生《きょうせい》の楽土《らくど》を
築《きず》くことだ。

遠慮《えんりょ》はいらない。
積極果敢《せっきょくかかん》に学《まな》び、
自由闊達《じゆうかったつ》に語《かた》るのだ。
みずみずしい生命《せいめい》に
みなぎる熱意《ねつい》と誠実《せいじつ》には、
何《なに》ものもかなわない。
若人《わこうど》の勇気《ゆうき》の対話《たいわ》、
探究《たんきゅう》の対話、
友情《ゆうじょう》の対話が

快活《かいかつ》に交《か》わされるところ、
必《かなら》ず、新《あたら》しき未来《みらい》が
輝《かがや》き始《はじ》める。

（二〇二二年十月二日）

秋

Autumn

「生涯求道《しょうがいきゅうどう》」の健康《けんこう》人生を

わが〝多宝《たほう》の友《とも》〟が
広布《こうふ》に走《はし》り抜《ぬ》いた
誉《ほま》れの歴史《れきし》は、
自身の生命《せいめい》に
黄金《おうごん》の日記《にっき》として
厳然《げんぜん》と刻《きざ》まれる。
自《みずか》らの命《いのち》を使《つか》って
「人間革命」の実証《じっしょう》を
示《しめ》してきた栄光《えいこう》の福徳《ふくとく》は、
絶対《ぜったい》に消《き》えないのだ。

年《とし》をとっても、
心《こころ》まで
老《ふ》け込《こ》んではならない。
妙法《みょうほう》という生命《せいめい》の大法《だいほう》を
持《たも》った我々《われわれ》は、
生《い》き生きと
若返《わかがえ》っていくのである。
張《は》り切《き》って進《すす》むのである。
日蓮大聖人《にちれんだいしょうにん》の御生涯《ごしょうがい》は、
最後《さいご》の最後まで、
広宣流布《こうせんるふ》の大闘争《だいとうそう》に
貫《つらぬ》かれていた。

2006年8月、長野

信心《しんじん》に「引退《いんたい》」はない。
心は退《ひ》いてはならない。

自他共《じたとも》の
一生成仏《いっしょうじょうぶつ》のためには、
どこまでも信心一筋《しんじんひとすじ》に、
学会と共に
生き抜《いぬ》くことである。
「生涯求道《しょうがいきゅうどう》」「生涯挑戦《ちょうせん》」
「生涯闘争《とうそう》」である。
ゆえに、「今一日《いちにち》」
「あと一日」における
信心が大事《だいじ》だ。

純一無二《じゅんいつむに》の信心で、
自身の広布《こうふ》と人生の
総仕上《そうしあ》げをしていくのだ。

疲《つか》れをためないよう、
上手《じょうず》に休息《きゅうそく》をとりながら、
聡明《そうめい》に、健康第一《けんこうだいいち》で
進《すす》んでいきたい。
題目《だいもく》を朗々《ろうろう》とあげ、
生命力《せいめいりょく》を満々《まんまん》とたたえて、
価値《かち》ある一日《いちにち》一日を
勝《か》ち取《と》っていくことだ。

何歳《なんさい》になっても、
新《あたら》しい何《なに》かに
挑戦《ちょうせん》する人は、
若々《わかわか》しく生《い》きていける。
それが真《しん》の人生である。
いわんや私どもは、
不老長寿《ふろうちょうじゅ》の最高《さいこう》の法《ほう》である
南無妙法蓮華経《なんみょうほうれんげきょう》を
持《たも》っている。
妙法《みょうほう》と共《とも》に、
いよいよ若々しく、
広宣流布《こうせんるふ》と
人生の最高峰《さいこうほう》へ、

お互《たが》いに、楽《たの》しく、
粘《ねば》り強《づよ》く挑《いど》み続《つづ》けて、
勝《か》っていこう！

（二〇二二年九月十八日）

御書《ごしょ》を開《ひら》けば希望《きぼう》が輝《かがや》く

人間が生《い》きるには、
人との協調《きょうちょう》や気遣《きづか》い、
また、礼儀《れいぎ》やマナー、
支《ささ》え合《あ》い、助《たす》け合いが
不可欠《ふかけつ》である。
その心《こころ》を育《はぐく》むには、
人間をどう捉《とら》えるか
という哲学《てつがく》が必要《ひつよう》である。
まさに、
それを教《おし》えているのが

仏法《ぶっぽう》なのである。

御書《ごしょ》には、
病苦《びょうく》や生活苦《せいかつく》、
家族《かぞく》の看病《かんびょう》や介護《かいご》、
愛《あい》する人と別《わか》れる悲《かな》しみ、
親子《おやこ》の葛藤《かっとう》、
仕事《しごと》・職場《しょくば》の圧迫《あっぱく》等々《とうとう》、
千差万別《せんさばんべつ》の試練《しれん》に直面《ちょくめん》した
門下《もんか》への励《はげ》ましが
満《み》ち溢《あふ》れている。
御書を開《ひら》けば、
御本仏《ごほんぶつ》の

大生命《だいせいめい》の赫々《かっかく》たる陽光《ようこう》を
浴《あ》びることができる。
どんな不幸《ふこう》も、
どんな宿命《しゅくめい》も
勝《か》ち越《こ》えていける勇気《ゆうき》が、
智慧《ちえ》が、希望《きぼう》が
限《かぎ》りなく湧《わ》いてくるのだ。

御書《ごしょ》を拝《はい》せば聡明《そうめい》になる。
心《こころ》が美《うつく》しくなる。
その一文字《もじ》一文字は、
日蓮大聖人《にちれんだいしょうにん》の
師子吼《ししく》であられる。

1999年9月、山梨

一文《いちぶん》でも、一節《いっせつ》でもいい。
声《こえ》に出《だ》して拝読《はいどく》し、
生命《せいめい》に
刻《きざ》みつけていくことだ。

私も青年部時代《せいねんぶじだい》の
激闘《げきとう》の中《なか》で、
日々《ひび》、御書を開《ひら》き、
日記《にっき》などにも
要文《ようもん》を抜《ぬ》き書《が》きした。

御書には、
魂《たましい》の滋養《じよう》が満《み》ちている。

教学《きょうがく》を学《まな》ぶ人は、

「哲学者《てつがくしゃ》」である。
哲学とは、よりよく生《い》きる
「智慧《ちえ》」である。
戸田先生《とだせんせい》は
「仏法《ぶっぽう》で学んだことは、
どしどし口《くち》に出《だ》して
話《はな》しなさい。
そうすれば、
やがて身《み》につくものです」
と語《かた》られていた。
教学は、どこまでも、
「実践《じっせん》の教学」であり、
「広宣流布《こうせんるふ》の教学」である。

正義《せいぎ》を学び抜《ぬ》き、
生涯《しょうがい》不退《ふたい》の原点《げんてん》を
築《きず》いていただきたい。

(二〇二〇年七月十二日)

誓願《せいがん》に生《い》きる人生は幸福《こうふく》

誓願《せいがん》に生《い》き抜《ぬ》く人生は、
最《もっと》も幸福《こうふく》な人生である。
いかなる苦難《くなん》の烈風《れっぷう》にも負《ま》けず、
誠実《せいじつ》に誓《ちか》いを果《は》たし抜く人は、
真《しん》の勇者《ゆうしゃ》であり、勝利者《しょうりしゃ》である。
創価の師弟《してい》には、
誇《ほこ》り高《たか》き大願《だいがん》がある。
世界《せかい》の広宣流布《こうせんるふ》は、
仏法《ぶっぽう》の究極《きゅうきょく》の大願《だいがん》である。

言《い》い換《か》えれば、
この世界から
「悲惨《ひさん》」の二字《にじ》をなくし、
人類《じんるい》の幸福《こうふく》なる恒久平和《こうきゅうへいわ》を
実現《じつげん》することであるのだ。
一宗教《いちしゅうきょう》の繁栄《はんえい》が目的《もくてき》ではない。
全民衆《ぜんみんしゅう》の幸福が根本《こんぽん》の目的である。
「人間」のために、
仏法《ぶっぽう》はあるからだ。

仏《ほとけ》と同《おな》じ誓《ちか》いに立《た》てば、
仏と同じ智慧《ちえ》が湧《わ》く。
仏と同じ力《ちから》が出《で》る。

2019年5月、東京

仏と同じ戦《たたか》いができる。
これほど強《つよ》い、
これほど誇《ほこ》り高《たか》い人生は、
どこにもない。

我《われ》らは、
この広宣流布大誓堂《こうせんるふだいせいどう》を中心《ちゅうしん》に、
それぞれの使命《しめい》の舞台《ぶたい》で、
自行化他《じぎょうけた》の題目《だいもく》の師子吼《ししく》を、
いやまして勇気凛々《ゆうきりんりん》と響《ひび》かせ、
ありとあらゆる邪悪《じゃあく》に打《う》ち勝《か》ち、
わが地涌《じゆ》の眷属《けんぞく》の威光勢力《いこうせいりょく》を
無限《むげん》に増《ま》してゆくのだ。

いざ、広宣流布《こうせんるふ》へ、
前進《ぜんしん》また前進！　闘争《とうそう》また闘争！
これが、
創価学会の永遠《えいえん》の誓願《せいがん》である。
そこに民衆《みんしゅう》の平和《へいわ》勢力《せいりょく》は
堂々《どうどう》と築《きず》かれる。
いかに社会《しゃかい》の混迷《こんめい》が深《ふか》まろうと、
民衆が立《た》ち上《あ》がれば、
希望《きぼう》は開《ひら》ける。
永遠の平和の基盤《きばん》を築くチャンスは
「今」である。

（二〇一九年五月二十六日）

広布《こうふ》の志《こころざし》の人は「福運《ふくうん》の勝者《しょうしゃ》」

仏法《ぶっぽう》の世界《せかい》には、
一切《いっさい》、
無意味《むいみ》なことはない。
最《もっと》も大変《たいへん》なところで
苦労《くろう》した人に、
最も功徳《くどく》が薫《かお》る。
最も地味《じみ》な
陰《かげ》の努力《どりょく》に徹《てっ》した人に、
最も栄光《えいこう》が輝《かがや》く。
これが「冥《みょう》の照覧《しょうらん》」である。

2021 年 11 月、東京

大事《だいじ》なのは、
わが一念《いちねん》が、
どこを向《む》いているかだ。
「何《なん》のため」という
根本目標《こんぽんもくひょう》を定《さだ》めることだ。
私たちで言《い》えば、
自身《じしん》の一念を御本尊《ごほんぞん》に、
広宣流布《こうせんるふ》に
向けていくことである。
「志《こころ》ざし」は
目《め》には見《み》えないが、
「志ざし」の力《ちから》によって、
勝利《しょうり》の方向《ほうこう》へ、

幸福《こうふく》の方向へ
向けていくことができる。

皆《みな》さまの広布《こうふ》への献身《けんしん》は、
仏《ほとけ》への最大《さいだい》の供養《くよう》である。
妙法《みょうほう》のために
行動《こうどう》した功徳《くどく》は、
自分だけでなく、
父母《ちちはは》、兄弟《きょうだい》など、
すべての縁《えん》ある人々《ひとびと》の
成仏《じょうぶつ》への力《ちから》となっていく。
皆を幸福《こうふく》の方向《ほうこう》へ
向《む》かわせてあげられる。

信心《しんじん》の「心《こころ》」の
微妙《びみょう》な違《ちが》いが、
時とともに大《おお》きな
境涯《きょうがい》の差《さ》となって表《あらわ》れる。
日蓮大聖人《にちれんだいしょうにん》の仰《おお》せ通《どお》りに、
世界広宣流布《せかいこうせんるふ》へ、
「大善《だいぜん》」の心を重《かさ》ねる
皆《みな》さま方《がた》は、
三世《さんぜ》にわたって
「生命《せいめい》の長者《ちょうじゃ》」
「福運《ふくうん》の勝者《しょうしゃ》」
「希望《きぼう》の王者《おうじゃ》」と
輝《かがや》くことは、

間違《まちが》いない。

さあ、わが友《とも》よ！
共戦《きょうせん》の同志《どうし》よ！
今日《きょう》から始《はじ》めよう。
永遠《えいえん》なる
創価の師弟《してい》の旅《たび》を！
人間革命の
勝利《しょうり》と栄光《えいこう》の旅を！
今再《ふたた》び、広宣流布《こうせんるふ》の
誓願《せいがん》を燃《も》やして出発《しゅっぱつ》だ！

（二〇二一年十一月十四日）

大目的《だいもくてき》に生《い》き抜《ぬ》く幸福《こうふく》

自分は
何《なん》のために生《い》きるか。
使命《しめい》とは、
その自覚《じかく》の異名《いみょう》である。
自分の「命《いのち》」を、
いったい何に「使《つか》う」のか。
大目的《だいもくてき》に生き抜《ぬ》く使命を
深《ふか》く自覚した瞬間《しゅんかん》から、
境涯《きょうがい》は大《おお》きく広《ひろ》がる。

2001 年 12 月、東京

幸福《こうふく》は、
いくら追《お》いかけても、
つかめるものではない。
幸福は、
ついてくるものである。
妙法《みょうほう》を持《たも》つ人に、
福運《ふくうん》を積《つ》んでいった人に、
ついてくるものだ。
必《かなら》ず、ついてくるものだ。

人間は、皆《みな》、
幸福《こうふく》になるために
生《う》まれてきたのだ。

仏法《ぶっぽう》では
「心《こころ》こそ大切《たいせつ》」と説《と》く。
魂《たましい》が満《み》たされなければ、
真《しん》の幸福はない。
だからこそ、
皆を幸福にするために、
わが生命《せいめい》を使《つか》うのだ。

広宣流布《こうせんるふ》のために
戦《たたか》いきった
満足《まんぞく》と歓喜《かんき》ほど、
誇《ほこ》り高《たか》いものはない。
その功徳《くどく》は無量《むりょう》である。

学会のために戦う。
広布《こうふ》のために戦う。
その功徳によって、
福徳《ふくとく》と幸福《こうふく》の人生を歩《あゆ》む
生命《せいめい》に変《か》わっていく。

悩《なや》みが悟《さと》りに変《か》わり、
幸福《こうふく》に変わる。
悩み、悲《かな》しみが
大《おお》きければ大きいほど、
より大きな
幸福に変えていける。
これが題目《だいもく》の力《ちから》である。

ゆえに妙法《みょうほう》を唱《とな》える人は、
何《なに》ものも恐《おそ》れない。
恐れる必要《ひつよう》がない。

悔《く》いなき人生――。
それは、世間《せけん》の評判《ひょうばん》や、
他人《たにん》が
決《き》めるものではない。
全部《ぜんぶ》、自分自身が
決めるものである。
勝負《しょうぶ》は途中《とちゅう》の姿《すがた》では
決まらない。
何《なに》があっても、

最後《さいご》に「勝《か》った！」と
確信《かくしん》できるのが
「一生成仏《いっしょうじょうぶつ》」の信心《しんじん》だ。

（二〇二一年十月三十一日）

人間革命の劇《ドラマ》を今ここから

1964年（昭和《しょうわ》39年）の
きょう12月2日、
私は最《もっと》も戦火《せんか》に苦《くる》しんだ沖縄《おきなわ》の地《ち》で
小説《しょうせつ》『人間革命』の筆《ふで》を起《お》こした。
「戦争《せんそう》ほど、残酷《ざんこく》なものはない。
戦争ほど、悲惨《ひさん》なものはない……」
世界不戦《せかいふせん》は、わが魂《たましい》の叫《さけ》びである。
その思想《しそう》を、
人々《ひとびと》の胸中深《きょうちゅうふか》く打《う》ち込《こ》み、
友情《ゆうじょう》の橋《はし》を懸《か》けるために、

私は、書《か》き続《つづ》けてきた。

すべては、
自己《じこ》自身の変革《へんかく》から始《はじ》まる。
生活《せいかつ》も、事業《じぎょう》も、
教育《きょういく》も、政治《せいじ》も、
また経済《けいざい》も、科学《かがく》も、
いっさいの原点《げんてん》は人間であり、
自己自身の生命《せいめい》の変革こそが
すべての起点《きてん》となる。

人の幸福《こうふく》を祈《いの》れば、
その分《ぶん》、自分が幸福になっていく。

1988年２月、沖縄

人の健康《けんこう》を祈れば、
その分、自分の健康も守《まも》られる——
これが妙法《みょうほう》の不思議《ふしぎ》な力用《りきゆう》である。
「利己《りこ》」と「利他《りた》」の
どちらに力点《りきてん》があるかで、
人間の偉大《いだい》さは決《き》まる。
信心《しんじん》が本物《ほんもの》かどうかも決まる。
皆《みな》さまは、
法《ほう》のため、友《とも》のため、
真剣《しんけん》に祈り動《うご》いて、
「利己」から「利他」へと、
ダイナミックな生命《せいめい》の転換《てんかん》を、
偉大なる人間革命を

実現《じつげん》していただきたい。

人間革命の舞台《ぶたい》は、
どこか遠《とお》くにあるのではない。
「今ここ」にある。
そのドラマは、
いつか始《はじ》まるのではない。
眼前《がんぜん》の課題《かだい》に、勇《いさ》んで祈《いの》り、
立《た》ち向《む》かう。
この一瞬《いっしゅん》から幕《まく》を開《あ》けるのだ。
真剣勝負《しんけんしょうぶ》の戦《たたか》いの中《なか》にこそ、
人間革命がある。

（二〇一八年十二月二日）

冬
Winter

大勝利《だいしょうり》の一年に「ありがとう」

感謝《かんしゃ》の心《こころ》から歓喜《かんき》が湧《わ》く。
歓喜は意欲《いよく》と活力《かつりょく》と
創造《そうぞう》の源《みなもと》となる。
ゆえに、
人生の勝利《しょうり》もまた、
感謝から生《う》まれる。

今の自分があるのは、
多《おお》くの人々《ひとびと》の
おかげであることを知《し》り、

感謝《かんしゃ》の心《こころ》を持《も》って、
今度《こんど》は自分が人々のために
尽《つ》くしていく。
この行為《こうい》こそが、
「知恩《ちおん》」であり
「報恩《ほうおん》」である。
報恩は、人間性の証明《しょうめい》だ。

「心《こころ》こそ大切《たいせつ》」――
ここに信仰《しんこう》の極意《ごくい》がある。
人に真心《まごころ》を尽《つ》くす。
受《う》けた真心は大切にする。
私はそれを、

2021年12月、東京

厳格《げんかく》に実行《じっこう》し抜《ぬ》いてきた。
私は、お世話《せわ》になった
方々《かたがた》のことは
絶対《ぜったい》に忘《わす》れない。

御礼《おんれい》と
感謝《かんしゃ》の言葉《ことば》によって、
信頼《しんらい》と友好《ゆうこう》の絆《きずな》は
強《つよ》まっていく。
人に対《たい》して、どれだけ
「ありがとう」と言《い》えるか、
感謝の言葉を語《かた》れるか――
実《じつ》は、そこに

人徳《じんとく》が表《あらわ》れるといっても
過言《かごん》ではない。

我《われ》ら創価家族《かぞく》は、
この一年も大《おお》いに動《うご》き、
大いに語《かた》って、
広宣流布《こうせんるふ》の前進《ぜんしん》を
成《な》し遂《と》げた。
希望《きぼう》を広《ひろ》げた。
未来《みらい》を開《ひら》いた。
夏《なつ》の炎暑《えんしょ》にも、
冬《ふゆ》の寒風《かんぷう》にも負《ま》けず、
堂々《どうどう》たる

完勝《かんしょう》の一年を飾《かざ》った。
わが弟子《でし》、
わが同志《どうし》の大勝利《だいしょうり》が、
本当《ほんとう》に嬉《うれ》しい。

誰《だれ》が知《し》らなくとも、
誰が誉《ほ》めなくとも、
仏天《ぶってん》は全《すべ》て
お見通《みとお》しである。
陰《かげ》の献身《けんしん》は、
一切合切《いっさいがっさい》が
自《みずか》らの福徳《ふくとく》となり、
命《いのち》の輝《かがや》きとなる。

「陰徳陽報《いんとくようほう》」という、
生命《せいめい》の究極《きゅうきょく》の栄光《えいこう》が
ここにあるのだ。

（二〇二一年十二月二十六日）

満々《まんまん》たる生命力《せいめいりょく》で出発《しゅっぱつ》！

一日一日《いちにち》、
生《う》まれ変《か》わったように生《い》きる。
その人生には感傷《かんしょう》もない。
愚痴《ぐち》もない。
堅実《けんじつ》な一歩《いっぽ》一歩が必《かなら》ず
偉大《いだい》な使命《しめい》の人生となっていく。
これが「創価の道《みち》」である。

自分は昨日《きのう》までの自分ではない。
学会も、昨日までと同《おな》じではない。

そう決《き》めて、今日《きょう》から
新《あたら》しい夜明《よあ》けを始《はじ》めるのだ。
今再《ふたた》び、わが人生の戦線《せんせん》に
「価値創造《かちそうぞう》」という
新生《しんせい》の夜明けを開《ひら》くのだ！

人間は、臆病《おくびょう》になり、
挑戦《ちょうせん》をやめ、希望《きぼう》を捨《す》て、
諦《あきら》めの心《こころ》を抱《いだ》くことによって、
自《みずか》らを不幸《ふこう》にしていくのだ。
我《われ》らは妙法《みょうほう》という根源《こんげん》の法《ほう》に則《のっと》り、
満々《まんまん》たる生命力《せいめいりょく》をたたえ、
一《ひと》つ一つの課題《かだい》を克服《こくふく》しながら

広布《こうふ》に走《はし》る。
ありのままの自分を輝《かがや》かせ、
自他共《じたとも》の幸福《こうふく》を築《きず》くために。

妙法《みょうほう》に生《い》きる私たちは、
毎日《まいにち》が久遠元初《くおんがんじょ》であり、
毎日が元旦《がんたん》である。
今日《きょう》も、わが生命《せいめい》に
赫々《かっかく》たる元朝《がんちょう》の太陽《たいよう》を昇《のぼ》らせ、
無明《むみょう》の闇《やみ》を打《う》ち破《やぶ》っていける。
その暁鐘《ぎょうしょう》こそ、
南無妙法蓮華経《なんみょうほうれんげきょう》という音律《おんりつ》なのだ。

1991年6月、フランス・トレッツ

人生は勝《か》つことだ。
勝つ力《ちから》が信心《しんじん》である。
広宣流布《こうせんるふ》に行動《こうどう》することこそ、
永遠《えいえん》につながる幸福《こうふく》の基盤《きばん》である。

広宣流布のため、
立正安国《りっしょうあんこく》のため、戦《たたか》い抜《ぬ》き、
勝ち抜いた幸福は永久《えいきゅう》に滅《ほろ》びない。

この一年も、共々《ともども》に
汝《なんじ》自身の幸福への戦いを
勝利《しょうり》勝利で飾《かざ》って、
所願満足《しょがんまんぞく》の歴史《れきし》を
晴《は》れ晴《ば》れと残《のこ》していこう！

（二〇一九年一月六日）

「目《め》の前《まえ》の一人《ひとり》」を幸福《こうふく》に

なぜ、語《かた》り掛《か》けるのか？
それは、
「目《め》の前《まえ》の一人《ひとり》」を
幸福《こうふく》にするためである。
これが釈尊以来《しゃくそんいらい》の
仏教《ぶっきょう》の根本精神《こんぽんせいしん》であり、
そして、末法《まっぽう》の御本仏《ごほんぶつ》・
日蓮大聖人《にちれんだいしょうにん》に貫《つらぬ》かれ、
わが創価学会が
受《う》け継《つ》いでいる

仏《ほとけ》の根幹《こんかん》の願《ねが》いである。
「伝統《でんとう》の二月闘争《とうそう》」は、
地涌《じゆ》の使命《しめい》に目覚《めざ》めた
一人一人《ひとりひとり》が、決然《けつぜん》と
立《た》ち上《あ》がって始《はじ》まった、
痛快《つうかい》なる
対話《たいわ》の拡大劇《かくだいげき》である。

あの友《とも》の幸福《こうふく》を、
わが後輩《こうはい》の成長《せいちょう》を——
すべて一《ひと》つ一つ
深《ふか》く祈念《きねん》しながら、
足取《あしど》り軽《かる》く

2002 年 2 月、静岡

最前線《さいぜんせん》へと飛《と》び込《こ》む。
この「祈《いの》り即実行《そくじっこう》」の
繰《く》り返《かえ》しを、
弛《たゆ》まず貫《つらぬ》いていくことだ。

人の心《こころ》を打《う》つのは、
話術《わじゅつ》の巧《たく》みさではない。
美辞麗句《びじれいく》でもない。
〝君《きみ》よ立《た》て!〟との、
生命《せいめい》からほとばしる
必死《ひっし》の思《おも》いが、
友《とも》の心に働《はたら》き掛《か》けるのだ。
励《はげ》ましとは、

炎《ほのお》の一念《いちねん》がもたらす魂《たましい》の
触発《しょくはつ》なのである。

一人《ひとり》一人が
現実《げんじつ》に直面《ちょくめん》している
生活《せいかつ》の悩《なや》みと格闘《かくとう》し、
生命《せいめい》の境涯《きょうがい》を
変革《へんかく》していく、
その軌道《きどう》の中《なか》にしか、
真《しん》の
社会《しゃかい》変革の道《みち》もないし、
立正安国《りっしょうあんこく》もない。
この出発点《しゅっぱつてん》にある

人間革命を開《ひら》いていく
大道《だいどう》こそ、
一人への「励《はげ》まし」だ。

励《はげ》まされた一人《ひとり》が
立《た》ち上《あ》がり、
目《め》の前《まえ》の一人に
励ましの襷《たすき》を渡《わた》す。
その一人がまた次《つぎ》の一人に
励ましの襷を
つないでいく——。
この信心《しんじん》のリレーが、
一人一人の

人間革命の力走《りきそう》を
紡《つむ》ぎ出《だ》していくのだ。

（二〇二二年一月三十日）

良《よ》き家庭《かてい》は良き社会《しゃかい》の第一歩《だいいっぽ》

私は、
「成長家族《せいちょうかぞく》」
「創造《そうぞう》家族」という
言葉《ことば》が大好《だいす》きだ。
家庭《かてい》は、
人生の基本《きほん》となる
「安心《あんしん》」と「希望《きぼう》」の
拠点《きょてん》であり、
「幸福《こうふく》」と「平和《へいわ》」の
基地《きち》にほかならない。

日々《ひび》の生命《せいめい》と活力《かつりょく》の
「蘇生《そせい》」の場《ば》であり、
前進《ぜんしん》と充実《じゅうじつ》を生《う》み出《だ》す
「創造」の絆《きずな》であり、
「和楽《わらく》」と「成長」の
城《しろ》である。

家族《かぞく》といっても、
心《こころ》と心を通《かよ》い合《あ》わせ、
互《たが》いを思《おも》いやる
気持《きも》ちがなければ、
絆《きずな》を深《ふか》めることは
できない。

人間の本当《ほんとう》の幸《しあわ》せは、
その絆を一生涯《いっしょうがい》、
大切《たいせつ》にしながら、
互いの幸福《こうふく》を願《ねが》い、
それをともに
育《はぐく》んでいく中《なか》にある。

良《よ》き家庭《かてい》は
良き人間を創《つく》り、
良き人間は
社会《しゃかい》のために
良き貢献《こうけん》を
するはずである。

1994年6月、イギリス・タプロー・コート

心《こころ》と心で結《むす》ばれた
〝人間の家《いえ》〟を
創造《そうぞう》しゆく努力《どりょく》は、
それ自体《じたい》、
人間が人間らしく
生《い》きられる社会《しゃかい》の建設《けんせつ》の
第一歩《だいいっぽ》になるであろう。

一人《ひとり》が太陽《たいよう》になれば、
その陽光《ようこう》は一家《いっか》、
一族《いちぞく》を照《て》らす。
その福徳《ふくとく》は
子々孫々《ししそんそん》まで包《つつ》む。

なんの心配《しんぱい》もない。
自分が一家和楽《わらく》の
主人公《しゅじんこう》となれば良《よ》いのだ。
自分の境涯《きょうがい》を
開《ひら》いていけば、
必《かなら》ず和楽は実現《じつげん》できる。

創価《そうか》の「師弟《してい》」という
最極《さいごく》の生命《せいめい》の軌道《きどう》に則《のっと》った
「家庭教育《かていきょういく》」には、
絶対《ぜったい》に行き詰《づ》まりがない。
その開《ひら》かれた家庭には、
無限《むげん》の希望《きぼう》と

和楽《わらく》と勝利《しょうり》の未来《みらい》が、
光《ひか》り輝《かがや》いていく。

（二〇二二年十二月十八日）

SGI発足《ほっそく》45周年《しゅうねん》

今こそ「対話《たいわ》の選択《せんたく》」を

平和《へいわ》は
彼方《かなた》にあるのではない。
自分《じぶん》のいるその場所《ばしょ》に、
信頼《しんらい》と友情《ゆうじょう》の世界《せかい》を
築《きず》き上《あ》げるのだ。
その輪《わ》の広《ひろ》がるところに、
世界の平和があるのだ。

一方的《いっぽうてき》に話《はな》すのは

対話《たいわ》ではない。
まず、相手《あいて》を尊敬《そんけい》し、
耳《みみ》を傾《かたむ》けることだ。
聞《き》く、話す、また聞く。
その胸襟《きょうきん》を開《ひら》いた応答《おうとう》が
「思《おも》い込《こ》み」や「先入観《せんにゅうかん》」という
心《こころ》の壁《かべ》を破《やぶ》っていく。
相手も人間、
こちらも人間である。
そこに
なんの差別《さべつ》もないと知《し》れば、
心と心が通《かよ》い、信頼《しんらい》が生《う》まれる。

1995年1月、アメリカ・ハワイ

創価学会は、どこまでも、
民衆《みんしゅう》の幸福《こうふく》と
世界《せかい》の平和《へいわ》のために、
現実社会《げんじつしゃかい》の変革《へんかく》に
挑戦《ちょうせん》しゆく使命《しめい》を貫《つらぬ》く。

そこに、
「人間のための宗教《しゅうきょう》」の
精髄《せいずい》があるからだ。

それは、
仏教《ぶっきょう》の根本精神《こんぽんせいしん》でもある。
仏教は、本来《ほんらい》、
自分一人《ひとり》が覚《さと》って、
それで満足《まんぞく》して終《お》わる

宗教ではない。
「人々《ひとびと》の幸福のために行動《こうどう》する」
――この実践《じっせん》があってこそ、
真《しん》の覚りといえる。

「暴力《ぼうりょく》」か「対話《たいわ》」か――。
世界《せかい》の各地《かくち》では、
今なお熾烈《しれつ》な紛争《ふんそう》が続《つづ》き、
憎悪《ぞうお》と暴力の連鎖《れんさ》が続いている。
だからこそ、
私たちは「対話」を
決《けっ》して手放《てばな》してはならない。
断固《だんこ》たる「対話の選択《せんたく》」こそ、

「平和《へいわ》の選択」となり、
必《かなら》ずや人類《じんるい》の
「生《せい》への選択」に通《つう》じていくと、
私は信《しん》じている。

人が人を殺戮《さつりく》することのない、
平和《へいわ》と不戦《ふせん》の世界《せかい》を創《つく》っていく――
それが、私たち創価の悲願《ひがん》だ。
ＳＧＩの使命《しめい》である。

（二〇二〇年一月十九日）

心豊《こころゆた》かに「幸福《こうふく》の交響曲《こうきょうきょく》」を

感謝《かんしゃ》は、
心《こころ》の豊《ゆた》かさを意味《いみ》する。

感謝のある人には
喜《よろこ》びがあり、
幸《しあわ》せがある。

恩《おん》を知《し》る人は、
謙虚《けんきょ》である。
まじめである。
真剣《しんけん》である。

恩を知る人は、
成長《せいちょう》がある。
向上《こうじょう》がある。
勇気《ゆうき》がある。

恩を知る人は、
人を敬《うやま》うことができる。

心豊《こころゆた》かな人は
人を大切《たいせつ》にし、
人を育《そだ》てる。
人も自分も
幸福《こうふく》にしていく。
心貧《こころまず》しき人は

2007年12月、東京

グチや悪口《わるくち》で
人生を暗《くら》くする。
人も自分も
不幸《ふこう》にしてしまう。
私たちは心豊かに、
心美《こころうつく》しく、
「幸福の交響曲《こうきょうきょく》」で
友《とも》をつつんでまいりたい。

恩《おん》を知《し》る人は、
もっとも偉《えら》い人である。
これが、
仏法《ぶっぽう》の骨髄《こつずい》である。

人間の骨髄なのである。
師匠《ししょう》の恩、
衆生《しゅじょう》の恩に報《むく》いることが、
人間の道《みち》であり、
仏法《ぶっぽう》の道である。

「報恩《ほうおん》」こそ、
人間《にんげん》の証《あか》しである。

報恩は、
自分が受《う》けた恩恵《おんけい》を、
次《つぎ》の世代《せだい》に
贈《おく》ることによって
完結《かんけつ》する。

要《よう》するに、
後継《こうけい》の青年《せいねん》を
大切《たいせつ》にし、
励《はげ》まし、
育《そだ》てていくことである。

この一年の
広宣流布《こうせんるふ》の大前進《だいぜんしん》、
本当《ほんとう》にありがとう！
わが使命《しめい》の天地《てんち》に、
希望《きぼう》の旭日《きょくじつ》を昇《のぼ》らせ、
喜《よろこ》びの花《はな》を咲《さ》き薫《かお》らせた、
一人《ひとり》一人の尊《とうと》き奮闘《ふんとう》を、

私は心《こころ》から讃嘆《さんたん》し、
感謝申《かんしゃもう》し上《あ》げたい。

（二〇二二年十二月四日）

池田大作（いけだ・だいさく）

1928年〜2023年。東京生まれ。創価学会第三代会長、名誉会長、創価学会インタナショナル（SGI）会長を歴任。創価大学、アメリカ創価大学、創価学園、民主音楽協会、東京富士美術館、東洋哲学研究所、戸田記念国際平和研究所などを創立。世界各国の識者と対話を重ね、平和、文化、教育運動を推進。国連平和賞のほか、モスクワ大学、グラスゴー大学、デンバー大学、北京大学など、世界の大学・学術機関の名誉博士・名誉教授、さらに桂冠詩人・世界民衆詩人の称号、世界桂冠詩人賞、世界平和詩人賞など多数受賞。

著書は『人間革命』（全12巻）、『新・人間革命』（全30巻）など小説のほか、対談集も『二十一世紀への対話』（A・J・トインビー）、『二十世紀の精神の教訓』（M・ゴルバチョフ）、『平和の哲学　寛容の智慧』（A・ワヒド）、『地球対談　輝く女性の世紀へ』（H・ヘンダーソン）など多数。

四季の励まし Ⅳ

二〇二三年七月三日　発　行
二〇二四年二月五日　第二刷

著　者　池田大作
発行者　小島和哉
発行所　聖教新聞社
〒一六〇-八〇七〇　東京都新宿区信濃町七
電話　〇三-三三五三-六一一一（代表）
印刷所　光村印刷株式会社
製本所　牧製本印刷株式会社

＊

定価はカバーに表示してあります
落丁・乱丁本はお取り替えいたします

ISBN978-4-412-01700-9